La nature sauvage
written by Marie Saint-Dizier, illustrated by Jean-Marie Poissenot

图书在版编目（CIP）数据

人口稀少的地方 / 圣迪济耶著；布瓦桑诺绘；乐凡译. —长沙：湖南少年儿童出版社，2013.3

（从小爱科学·小口袋大世界）

ISBN 978-7-5358-9024-5

Ⅰ.①人… Ⅱ.①圣… ②布… ③乐… Ⅲ.①人口地理学—少年读物 Ⅳ.①C922-49

中国版本图书馆CIP数据核字（2013）第015427号

人口稀少的地方

策划编辑：周　霞　罗晓银
责任编辑：周　霞　罗晓银
质量总监：郑　瑾
封面设计：李星昱
版式设计：嘉伟文化

出版人：胡　坚
出版发行：湖南少年儿童出版社
地址：湖南长沙市晚报大道89号　邮编：410016
电话：0731-82196340（销售部）82196313（总编室）
传真：0731-82199308（销售部）82196330（综合管理部）
经销：新华书店
常年法律顾问：北京市长安律师事务所长沙分所 张晓军律师

印制：长沙湘诚印刷有限公司（长沙市开福区伍家岭新码头95号）
开本：889 mm×1194 mm　1/40　　印张：1
版次：2013年3月第1版
印次：2017年3月第5次印刷
定价：6.90元

小口袋书里的科学大世界

科普口袋书《从小爱科学·小口袋大世界》，小巧精致，以小开本、薄页书的形式，消除了孩子们阅读大部头科学读物的畏惧感，一下子拉近了孩子们与科学世界的距离。

每册书虽小，却装载着大大的世界。灵动的笔触，散文诗般的语言，向孩子们娓娓道来一个个关乎生命和自然的故事，表达一个个科学主题；独特的观察视角，细腻的绘画，为孩子们描绘出一个个自然和谐、尊重生命的科学世界，让孩子们明白，从泥土中的种子到花丛中飞舞的蝴蝶，从造纸厂的工人到遨游太空的宇航员……他们都是这个世界的美妙存在。

一册一世界，40册书更是为孩子们漫步科学的奇趣世界，敲开了一扇扇从好奇到热爱、从探索到研究的门。从动植物到人类，从远古到现代，从人文历史到自然科学……这套书能够很好地帮助孩子们发现自己的兴趣所在，从而引导他们走上更加深入的科学探索之路。

小小的口袋，大大的梦想。这套《从小爱科学·小口袋大世界》非常适合少年儿童阅读，我愿意向孩子们和他们的老师、家长推荐。

国家教育咨询委员会委员
中国科技馆原馆长 研究员
王渝生
2013年3月于北京

从小爱科学·小口袋大世界

人口稀少的地方

文/玛丽·圣迪济耶
图/让－玛丽·布瓦桑诺
译/乐凡

躺在草地上凝视着天空时，你会不会想去一个神秘的地方探险呢？

CNS 湖南少年儿童出版社
HUNAN JUVENILE & CHILDREN'S PUBLISHING HOUSE

　　沙漠里白天的气温很高，到了晚上，气温会下降许多，变得很冷。而且，沙漠里几乎整年都不下雨

热带丛林里经常下雨，所以植物长得很茂盛

北极和南极终年都是冰天雪地

到人口稀少的地方去探险

太冷或太热的地方都不适合人类居住，例如在沙漠里很容易因为缺水而渴死，在丛林里常会迷路，在北极一不小心就会掉进冰洞里……

尽管这些地区很危险，还是有很多探险家、科学家或冒险家喜欢到这些充满未知的神秘地区去。正因为有这些开路先锋，我们才能了解更多人烟稀少的世界。

这里是宁静的野外，土地肥沃、气候温和，草木欣欣向荣

地球上哪些地方人口稀少？

在撒哈拉沙漠、美洲和亚洲的沙漠中，只住了少数的游牧民族；在亚马孙雨林和印度尼西亚的热带

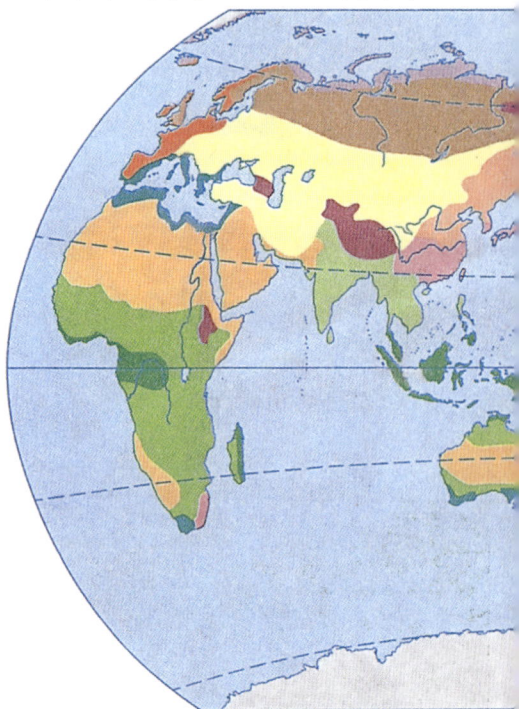

■ 热带雨林气候	■ 亚热带季风和季风性湿润气候
■ 热带草原气候	■ 温带季风气候
■ 热带季风气候	■ 温带海洋性气候
■ 热带沙漠气候	

雨林中，只住了少数的原始部落；在北极附近住了一些爱斯基摩人；在南极洲和一些很高的高山上，住的人也都很少。

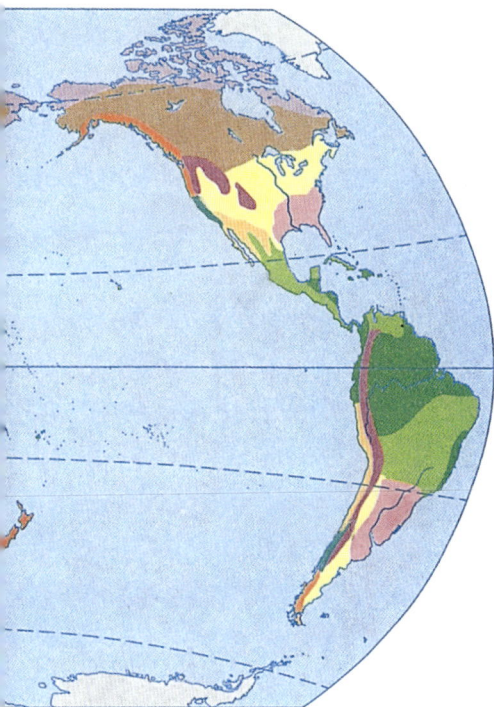

温带大陆性气候　　　苔原气候

地中海气候　　　亚寒带针叶林气候

高山高原气候　　　冰原气候

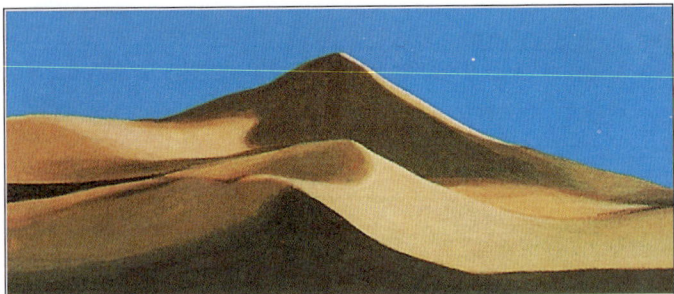

在撒哈拉沙漠里，一眼望去都是红色和白色沙粒形成的沙丘，但是有些地区则是一大片碎石子的石砾沙漠。

在沙漠里旅行很容易迷路！在强烈的阳光照射下，加上干燥的空气，人很容易中暑、脱水。

　　到沙漠里旅行，要做好充分的准备，除了要带精确的罗盘和一张详细的地图外，还要确实依照路标的指示前进。最好是有两辆车结伴出发，以防中途车子抛锚。还有，最好吃些比较咸的食物，可以预防脱水。夏天时，每人每天至少要准备8升的水。在沙漠里为了节省用水，可用沙子来洗碗。

沙漠里奇形怪状的岩石

在沙漠里常会见到海市蜃楼的景象，它是大气中由于光线的折射作用而形成的一种自然现象

大风沙

在沙漠中，会突然刮起一阵风，一时之间飞沙走石、不见天日。这种大风沙有时候刮一个小时左右就停了，有时候会持续一个星期之久。

刮大风沙时，沙漠中的人要快点躲进车子里，关紧车窗。但还是会有沙子跑进来，沾在人的脸上。

突然下起一阵大雨，原本干涸的河道立刻变成一条波涛汹涌的大河

最适合到沙漠旅行的季节是冬季，因为这时候沙漠的气温低，蝎子和蛇都躲起来冬眠了。

撒哈拉沙漠的游牧民族——图阿雷格人，头部都罩着一条头巾，防止风吹日晒。不过现在图阿雷格人的人数已经很少了。

绿洲就好像是沙漠里的孤岛，绿洲里种了许多椰枣树、柠檬树和无花果树。

沙地蜥蜴（1）和石龙子（2）会钻进沙子里躲起来，这样比较凉爽

单峰骆驼是沙漠里的主角

单峰骆驼不会在沙漠里迷路，即使一个星期不喝水也没有关系。

▲就算消耗了身体里四分之一的水分，单峰骆驼仍然挺得住

▼跳鼠白天大都躲在洞穴里

▶只要下一场雨，在短短的几天内，就会长出甜瓜来

蝎子的尾端有毒刺，人被蜇到了，有时会中毒身亡▶

青蛇住在树上，以吃小鸟为生

绿色的天地

在沙漠里，天空是一望无际的，但在热带雨林里，攀缘植物和大树的枝叶，几乎遮蔽住了整个天空。

在亚马孙热带雨林里，需要用短刀砍断茂密的树枝，才能通行。

热带雨林里住了许多种动物，有树蛙、松鼠和蜥蜴等。热带雨林也是猩猩的王国，水果、树叶和鸟蛋都是猩猩爱吃的食物。

亚马孙河有许多支流，舟楫往来很方便

亚马孙雨林既炎热又潮湿，所以有人称它为绿色地狱。到亚马孙雨林探险，最好找一个当地的印第安土著当向导。

1

2

3

4

印第安土著对
这里的地理环境很
熟悉，而且能和大
自然和谐共处。

1.亚马孙树蚺 2.南美浣熊 3.九带犰狳
4.树蛙 5.金刚鹦鹉 6.大嘴鸟 7.貘
8.三趾树懒 9.蓝蝴蝶 10.蜂鸟 11.蚂蚁

热带雨林里很危险

热带雨林里常常会下起一阵暴雨。亚马孙雨林很平坦，所以一下暴雨，这里立刻变成水乡泽国。

热带雨林里天黑得很快，晚上6点钟左右，热带雨林里就漆黑一片。不过晚上很凉爽。

小心沼泽里的蚂蟥，
它会爬到人的腿上吸血

到热带雨林里探险或勘察地形的人，都吃河里的鱼或树上的果子充饥。但是要仔细分辨，因为这些东西有的有毒。晚上在热带雨林里，要注意蚊子、蚂蚁、蜈蚣和蜘蛛等小动物。最好穿着靴子，免得脚被蜇伤。睡在吊床里也要挂蚊帐。

　　在印度尼西亚的热带雨林中，野猪打架的叫声、大嘴鸟和长臂猿的啼声此起彼落，十分热闹。

美洲豹、河里的鳄鱼和蜘蛛，正虎视眈眈地注意猎物的动静

寒冷的南北极

北极到处是冰天雪地，这里的气温可能降到零下50摄氏度。

南极的气温更低，那里整年都覆盖着一层厚厚的冰。

北极熊的体积很庞大，以吃鱼和其他海中的动物为生

1北极 2南极　　　北冰洋　　　　南极洲

为什么有人要到南极、北极这种冰天雪地的地方去呢？他们是为了了解爱斯基摩人的生活、研究极地的生态和极地的地质环境。

在冰海中行驶的船只必须有特殊的装备，才不会被冰山困住

虽然北极熊的皮毛和脂肪很有用，但我们也要保护它们

探险家和爱斯基摩人一样，都用雪橇来当交通工具

这些人猎杀海豹，拿海豹当食物。实际上我们应该要保护海豹

直升机为探险家们
运来了一些补给品

到极地探险去

北极探险活动从16世纪起就展开了，但直到1909年，美国的皮里才成功地到达北极。

拉雪橇的爱斯基摩犬，是到北极探险的最好帮手。它们聪明、勇敢又忠心，很适合在雪地里拉雪橇。

在雪地里，晚上睡在哪儿呢？睡在帐篷里。如果没有帐篷的话，就要在雪橇旁砌一道冰墙来挡风。爱斯基摩犬则会在雪地里挖个窝睡觉。

很多到极地探险的人，都冻死或饿死在半途中。1911年探险家阿蒙森和他的四位队友终于成功地到达了南极。

由于这些成功的探险活动，才使得气象学、地图绘制和地质学的研究，有了很大的进步。

帝王企鹅生活在浮冰上；海豹在冰上玩，好像溜滑梯一样

最适合到极地去探险的季节是春天，因为这时候的浮冰最硬，白天最长。在南极洲没有原始土著，只有一些探险家和研究人员住在科学研究站中。

南极洲最多的动物是海豹、海狮、企鹅和一些鸟类，光是帝王企鹅就有近60万只。南极大陆上的淡水，大约占地球上淡水总量的90%。如果这里的冰山全部融化了，地球上的海水就会高涨，淹没许多靠海的城市。

在北极结冰地带的外围，是土地冻结的苔原区。苔原区上只能生长一些桦树和苔藓。这里最多的动物是驯鹿，它那蓬松的长毛很能保暖，所以能够适应寒冷的气候。它的蹄很大，踩在雪中不会陷下去，适合在整年下雪的苔原上生活。

住在北欧的拉卜人都用驯鹿来拉车

拉卜人像爱斯基摩人一样，是北欧地区的土著民族。拉卜人的住房都是用原木盖的。

俄罗斯境内的西伯利亚是一大片平坦土地，从前这里是游牧民族活动的范围，现在则成为了交通要道。

陡峭的高山

越高的地方空气就越稀薄，气温也越低，所以爬起山来就格外辛苦。

在某些山区里，曲折蜿蜒的洞穴可能就在你的脚下

山区的浓雾会让人迷路，强风也会让人脚步不稳，失去平衡。在暴风雨来临时，要避免走在山脊或山顶上。最好在日落前一个小时就准备扎营，帐篷要扎在山坳的避风处。

洞穴里的景观很特殊

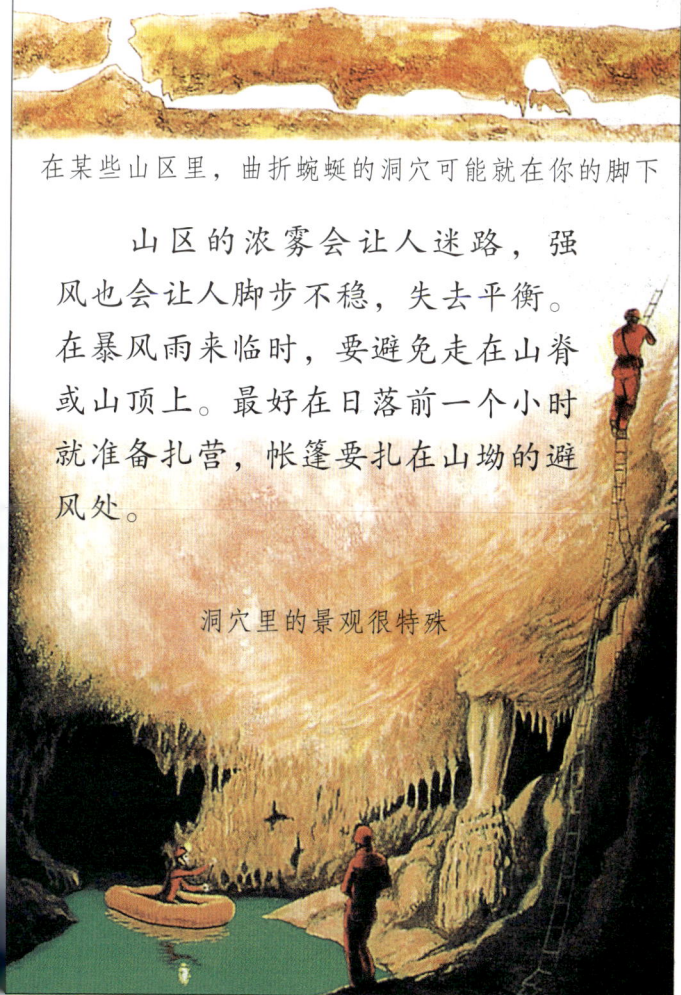

人类梦想能够征服海洋

海洋里有许多珍贵的宝贝，像盐、天然气和石油等等。还有一些沉到海底的船，船上满载着宝物，等待我们去开掘和打捞。

潜水潜得越深，需要的氧气就越多。因为越深的地方水压越大，消耗的氧气就越多。

未来，人们也许可以在海底城市里生活、工作

探险家的装备

　　他的行囊里要有折叠小刀、指南针、火柴、蜡烛、针线、绳子、镜子、鱼竿、鱼钩、手电筒、消毒剂和一些药品。小刀很锋利，所以用的时候要小心。针和鱼钩可以多带一些备用。

怎样制造路标？

捡些小石子排成一个箭头，
或是捡一根分杈的树枝放在
地上，都可以用来指示方向

一些国际通用的标记
也可以用来指示方向，让
人找到正确的路。

把树枝架起来，就可
以清楚地指出方向▶

▼三根树枝并排，或是
三颗石头排成一条横
线，都表示前面有危险

两根树枝摆成"X"形，
表示不要走这条路

从小爱科学·小口袋大世界（40册）

"从小爱"系列
更多好书 与你分享

从小爱科学·有趣的物理（全13册）

以孩子的生活体验为基石，轻松活泼地阐释物理知识，激发孩子的求知欲和探索精神！

从小爱科学·神奇的化学（全7册）

选材来源于日常生活，聚焦孩子最容易产生疑问的化学现象，让孩子的好奇心变成学习化学的兴趣和动力！

从小爱数学（全40册）

送给孩子最有趣、最全面、最科学的数学启蒙书，让孩子快乐、循序渐进地学习几何与代数！

从小爱科学套装（全60册）

提高孩子对数学、物理和化学入门兴趣的首选品牌。循序渐进，学以致用，孩子快乐学习好伙伴，家长和老师的好帮手！

读者对象：4—7岁亲子共读，7—10岁自主阅读